**Du même auteur :**

*Libérons-nous ! Des chaînes du travail et de la consommation,* Les liens qui libèrent, 2018
*Les tisserands,* Les liens qui libèrent, 2016
*Lettre ouverte au monde musulman,* Les liens qui libèrent, 2015
*L'islam sans soumission : Pour un existentialisme musulman,* Albin Michel, 2012

 • 43 avenue Gambetta, 75020 Paris • 2021 • www.almora.fr
ISBN : 978-2-35118-449-3

Abdennour Bidar

# Révolution spirituelle !

Almora

COLLECTION DIRIGÉE PAR JOSÉ LE ROY

*[Le chœur]*

*Oyez, oyez Résistants !*

*Voici venu le temps*
*De vous battre*
*Jusqu'à l'abattre*
*Contre ce système devenu dément,*
*Qui s'en prend à tous les vivants,*
*Qui détruit tout impitoyablement.*

*Mais c'est jour de colère,*
*Vous ne laisserez pas faire !*

*Et vous vaincrez,*
*Je vous le promets,*
*Grâce à votre foi irrésistible*
*En un autre possible !*

*Révolution !*

*Révolution*
*Dans toute la civilisation !*

*Révolution politique,*
*Révolution métaphysique !*

*Révolution spirituelle*
*De vos âmes rebelles*
*Portées par l'énergie*
*De l'Esprit infini*
*Qui est en elles !*

*Mais comment réveiller en vous cet Esprit ?*
*Je m'en vais vous le dire un peu ici…*

# Le constat

Effondrement !

Voilà ce que partout maintenant,
On entend,
On attend…

« Tout va s'écrouler ! »
« Tout va sombrer ! »

Nombre d'avertisseurs
Prédisent l'arrivée
Des plus grands dangers,
Des plus grands malheurs !

Ils préviennent l'humanité
Que vont se multiplier
De tels cataclysmes,
De tels séismes
Provoqués par notre propre folie,
Que cette fois-ci oui,
La Nature va mourir
Et nous tous périr !

Destructions !
Extinction !

Ils nous promettent une nuit noire,
Ces prophètes du désespoir,

Sans voir ni savoir

Que seules les ténèbres
Enfantent la lumière,
Et que les temps funèbres
Toujours précèdent l'éclair
D'une nouvelle Ère !

Ils nous promettent l'Apocalypse
Alors que même le pire chaos
Ne serait jamais qu'une éclipse
Avant un Renouveau…

Tandis que d'autres aveuglés,
Ne voyant à l'inverse rien arriver,
Continuent à participer,
Satisfaits,
À l'ivresse,
À la scélératesse,
De ce système insensé
En proclamant encore que le progrès
Est la loi de cette humanité !

Sachez, jeunes gens,
Et vous tous, Résistants,

Que je ne fais partie
D'aucun de ces deux camps ennemis,

Ni alarmiste ni insouciant,
Ni catastrophiste ni inconséquent,
Je suis un optimiste conscient !

Et ce que vous allez entendre ici,
C'est un tout autre récit
De l'histoire de la vie
Et de son génie…

*

Oui la Terre est dévastée,
Oui la Nature est empoisonnée,
Oui les sociétés sont déchirées,
Oui le mal est fait !

Mais non, tout n'est pas perdu,
Non le mal n'a pas encore vaincu !

Tout est à réparer ?
À recommencer ?
À réinventer ?

Vous allez y arriver,
Vous allez tout changer,
Vous allez finir par le créer,
Le fameux monde d'après !

C'est quand tout semble perdu
Que tout est sauvé.

*

*Mais par où commencer ?*

Qu'est-ce qu'il nous faudrait désormais,
Pour nous aider
À tout régénérer,
À tout transfigurer ?

Oui, en vérité,
*Qu'est-ce qu'il nous faudrait ?*

Qu'est-ce qui sera assez puissant
Pour combattre le mal radical
Qui semble condamner tout le vivant
À une issue fatale ?

Qu'est-ce qui sera à la mesure
Des destructions de la nature,
Et qui, pour notre rédemption,
Rendra un futur à la civilisation ?

La question est de vie ou de mort,
Et si nous ne trouvons pas ce trésor,
On peut craindre dès lors
Que le cancer et sa pourriture
Nous achèvent à coup sûr !

Le temps ne nous est même plus compté,
Il est épuisé…

*Mais la fin du temps*
*Sera-t-elle pour autant,*
*Fin des temps ?*

*

Et quand bien même il serait trop tard !

Après notre passage barbare,

Lentement mais sûrement
De nos injures
La Nature se remettra,

Lentement mais sûrement
De ses blessures
La Terre se relèvera,

Et notre règne de fous
N'aura duré en tout
Que l'éclat d'un éclair,
Le temps d'une chimère
Éphémère, et sans signification,
De domination et de destruction…

Le temps de l'aventure
Sans lendemain
De ces êtres immatures
Qui s'appelèrent « humains »,
Et qui furent,
Aussi bien,
Magnifiques et tragiques,
Fantastiques et pathétiques,

Eux qui s'élevèrent
Vers la lumière
De tant de ciels,
Eux qui dressèrent
De travers
Tant de Babel !

Et toujours dans l'inconscience,
Toujours dans la violence,

Si bien qu'à chaque fois
Qu'ils crurent toucher du doigt
Leur Nirvana,
Leur firmament,
Ils se sont écroulés,
Puis noyés
Dans leur propre sang,

Pour finalement

Disparaître
De la Terre
Qui les avait vus naître,
Dans la poussière…

*

Si nous voulons l'éviter,

Si nous *pouvons encore* l'éviter !

Si notre humanité
Veut avoir été
Pour cette planète
Autre chose qu'une comète,

Une étoile filante,
Une méchante passante,

Nous voilà sommés de trouver,
*Maintenant ou jamais,*
Ce qui pourra nous sauver !
*Maintenant ou jamais*
Le remède et la clé !

Nous voilà plus précisément,
Comme l'Archimède d'antan,
Qui cherchait,
Partout à la ronde,

Un point de levier
Pour soulever le monde !

On peut le trouver, ce levier,
Et tout peut encore basculer
Vers une Nouvelle Vie,
Rien encore n'est joué,
Rien en réalité n'est fini…

Il ne s'agirait pas, en effet,
D'oublier
Un simple fait troublant,
Auquel personne pourtant
Ne semble songer :

*Nous ne sommes après tout*
*Que les enfants fous*
*De l'univers et de sa toile,*
*Et c'est dans les gènes mêmes des étoiles*
*Que se loge l'origine première*
*De notre ambition*
*Meurtrière,*
*De notre ascension*
*Hors toute frontière,*
*De nos délires et de nos erreurs*
*Aussi bien que de notre génie créateur…*

*

Qui sommes-nous ainsi pour la Terre ?
Son plus grand malheur,
Son tueur et son calvaire ?

Beaucoup pensent aujourd'hui
Que nous n'avions rien à faire ici,
Que nous sommes une erreur de la vie,
Et que, quand nous nous serons détruits,
Le cours normal des choses aura repris…

Quelle idiotie toutefois
De croire ainsi sans foi
Qu'avec nous dévie
Le cours de l'univers et de la vie !

Notre pire folie,
À mon avis,
S'il nous en restait une à commettre,
Serait d'admettre
Que nous n'étions qu'une anomalie,
Qui ne faisait pas partie
De l'œuvre de vie
Du Grand Esprit Créateur
De tout ce qui naît et de tout ce qui meurt.

Non ce n'est pas ça !
Non nous n'avons pas échappé à la loi,
Pas échappé au *Dharma*,
Qui ne cesse d'orchestrer
Le bruit du cosmos entier

En une symphonie
Si habile,
En une mélodie
Si subtile
Que son harmonie
Nous reste inouïe…

Et que son mystère
Dépasse notre si maigre raison
Dont le mode binaire,
Sépare tout sans liaison,
Entre bien et mal,
Heureux ou fatal,
Alors que bien souvent,
Les deux en se suivant,
Se créent mutuellement
Et s'entrelacent doucement,

Qui connaît le secret paradoxal
De la dynamique du bien et du mal ?

De sorte que l'erreur
Et le malheur
Que nous pensons être
Ne sont peut-être
Que la condition immorale
D'un bien final
Qui naîtra un jour de tout ce mal
Que nous imaginons létal…

Mais attention,
Ne vous méprenez pas,
Ne me mécomprenez pas,
Quand je dis cela,
Ce n'est pas une justification
De nos destructions !

Juste une invitation
À ouvrir plus grand
Notre perception
Aux desseins géants
Que l'Univers
A mis de tout temps
Dans notre action
Sur la Terre…

*

Qui aura cependant assez d'imagination,
Qui aura cependant l'assez large vision,
Pour ne pas céder à la désolation,
Aux lamentations,
Qui maintenant de partout fusent
Et sans jugement nous accusent
D'être une abomination ?

Qui aura donc assez d'imagination
Pour ne pas se contenter seulement
De prononcer notre condamnation,

Pour ne pas réclamer solennellement
Notre châtiment ?

Qui aura donc assez d'imagination
Pour voir dans le terrible poison
Que nous sommes pour la nature
Le produit de *sa* propre déraison pure !

Le fruit mauvais qu'elle a elle-même sécrété
Pour *se* forcer à l'ingurgiter,
Pour *se* forcer à en mourir
Et pour *se* forcer, en dernier,
À en ressusciter ?

Mourir pour renaître,
Disaient les maîtres…

Qui donc saura éveiller en lui-même,
Par-delà les anathèmes,
La vision intime,
L'intuition sublime
Que tous ces feux furieux
Que nous avons allumés en tous lieux
Et qui n'en finissent plus de brûler,
D'incendier et de consumer,
Pourraient être pour la Terre
Notre Mère,

Un brasier aussi créateur
Que destructeur !

Un brasier qui ne vient tout embraser
Que pour tout purifier ?
Un brasier démesuré et dément
Mais qui lui tend, ce faisant,
Sur la table rasée
De son passé,
L'opportunité de tout recommencer ?

La chance d'un grand bain de jouvence,
D'une nouvelle naissance…

Je le sais,
La thèse est osée…
Et puis qui aujourd'hui
Sait ainsi penser…

Mais ce mal qu'à la Terre nous avons infligé,
Tout ce que nous lui faisons avaler
Qui finit de l'intoxiquer,
Tous nos déchets,
Tous ces désordres radicaux
Que nous lui faisons subir,
Ces mille maux
Qui la font tant souffrir
Et ces mille torts
Qui jusqu'à sa mise à mort
Viennent la meurtrir…

Demandons pardon pour cette cruauté,

Mais tout cela, en vérité,
Je suis désolé de le dire,
Ne lui sert jamais
Qu'à créer son avenir,

Ne lui sert jamais
Qu'à se mettre en nécessité *vitale*
D'être assez géniale
Pour ne pas succomber
À ce qui devrait la tuer
De façon totale ;

En nécessité *vitale*
D'être assez géniale
Pour se hisser
À sa forme d'après ;

En nécessité *vitale*
D'être assez géniale
Pour trouver dans cela même qui la tue
La vertu d'une grande mue,

La mortelle occasion
D'une nouvelle Évolution…

*

Conduire la Terre et toutes choses
À leur métamorphose…

Serait-ce donc là le rôle de l'humain,
Là son chemin, là son destin ?

Je ne sais au fond, Résistants,
Ce qu'il en est réellement,

Mais si je vous parle comme ça
C'est que je sens en moi,
Venue d'ailleurs
Et traversant nos cœurs,
Une énergie si puissante,
Si stupéfiante !
Une force infinie,
Aussi intelligente
Que déroutante,
La force même de la Vie !

La force du volcan,
Celle de l'ouragan,
Emportant tout sur leur passage,
Tous nos sages paysages ;

La force de l'incendie,
Celle du tsunami
Détruisant en un instant
Tout ce que l'on avait construit
Si patiemment ;

La force du trou noir aussi
Qui engloutit et anéantit

Dans sa terrifiante nuit
Toute la matière d'une galaxie…

Fatalité universelle,
Sempiternelle,
À toutes les échelles,
Du plus grand au plus petit,
Pour tout ce qui est né de voir ainsi
Surgir l'ire et le pire
De ce qui vient le détruire…

Faut-il en rire ou en pleurer,
Essayer en vain de l'éviter
Ou, serein, le contempler,
L'accepter ?

Dire,

Tout est bien
Dans le destin,

Et lire,

Dans l'avenir,

L'opportunité
Pour ce qui n'a pas encore émergé
De s'installer quelque part,
De prendre la place

De ce qui trépasse,
De pouvoir se déployer
Dans son espace dévasté,

Et souvent, par surcroît,
En se nourrissant là
De l'humus fécond
De son corps moribond.

La Vie est féroce,
Ses nouveaux enfants
Prolifèrent en avalant
Les mourants qu'elle désosse,

La Vie est ce grand courant
D'énergie pure
Qui jamais ne dure
Dans la matière où elle descend…

*

Pas d'autre cause, pas d'autre effet,
Pas d'autre loi ni nécessité,

Mais sans arrêt,
Et à perpétuité,
C'est dans les recoins sombres
Des décombres
Où un cadavre gît
Et se putréfie,

Que viennent germer
Puis pousser et se déployer
La graine inconnue,
Le jamais encore vu !

Et,
Que la décomposition
Soit celle d'un végétal,
D'un animal
Ou d'une civilisation,

Toujours,
Par amour,

Ce qui pourrit nourrit,

Ce qui anéantit vivifie !

Le détruit
Est le présent
Effrayant
Que la mort fait à la Vie.

*

C'est grâce à l'éclatement
Des structures d'avant,
Que le vivant peut se recomposer,
Se reformer, s'agencer,

En d'autres architectures,
Une *Nouvelle* Nature,
Une biologie du futur !

Alors n'ayez crainte,
Plus la Terre est atteinte,
Plus tragique est sa plainte,
Plus d'espèces sont éteintes,

Plus nous sommes coupables !

Plus la Vie se rend ainsi capable
De se projeter
Dans une autre réalité,

Plus elle se tient prête
À dévoiler
Ses possibilités
Encore secrètes…

Et même certainement,
Depuis longtemps,
Bien avant les catastrophes qu'on attend,
Elle a dû anticiper
Et déjà préparer
Cet Age d'après,

En faisant naître ici et là,
Sans bruit, sans éclat,

Bien avant l'heure,
Les enfants créateurs
Qui le feront arriver !

*

Si rien n'était dévasté,
Rien de nouveau ne naîtrait,

Et dès lors,
Mais peut-être que j'ai tort,

Je ne vois pas l'humanité avec ses excès
Comme une dénaturée, une désaxée,
Et je ne vois pas son action
Comme une exception !

Qu'elle soit folle et furieuse,
Oui !

Mortellement dangereuse,
Oui !

Définitivement monstrueuse,
Oui !

Mais en dehors des lois de la Vie ?
Folie différente de sa folie ?

Non !

Mais que l'homme soit un bâtard ?
Une engeance à part ?

Non !

N'en déplaise à tous ceux qui,
Hier comme aujourd'hui,
Détestent leur propre espèce
Dont l'horreur les blesse !

Moi aussi notre folie m'épouvante,
Moi aussi je la trouve désolante,
Et toute aussi désespérante

Notre incapacité à prendre la mesure
*De* notre démesure,
Notre incapacité à trouver la mesure
*Dans* notre démesure,

En éternels Prométhée
Déchirés et déchaînés,
Que nous sommes,
Nous les hommes,

Qui ne savons aller que trop loin,
Qui voudront toujours le plus, jamais le moins,

Qui ne savons progresser
Qu'en mettant tout en danger,
Qu'en prenant des risques inconsidérés,

Qu'en nous fanatisant
Aveuglément
Pour toute cause sacrée
Passant à notre portée,

Avant qu'à son tour
Nous finissions
Toujours
Par la transgresser
Et l'abandonner
Vers d'autres fascinations,
D'autres illusions !

Bref, jamais assez matures
Pour nous tempérer
En gardant notre lucidité,
Nous retenir,
Réfléchir avant de foncer
Tête baissée
Dans tous les murs !

Et ce, bien sûr,
En ne nous rappelant que mal ou trop tard
Toutes les fameuses leçons de l'Histoire…

*

Mais,
Car il y a un mais !

Dans tout cela qui s'est répété tant de fois,
Rien qui suive toutefois
Une voie si singulière
Dans l'univers,

Rien d'anormal,
Rien d'anomal,
Seulement le moyen radical
Du grand mal,
Par lequel la Vie, son génie,
S'impose l'ultime défi

D'un éclatement,
D'un dépassement,
D'un surpassement,

Pour créer
Comme par enchantement
Mille réalités
Dépassant
En beauté,
En vitalité,
En durée,
Celles de tout ce qui vivait d'abord,
Celles de tout ce qui est mort !

Se donnant ainsi la preuve
Qu'indéfiniment, inépuisablement,
Elle surmontera l'épreuve,
Jusqu'à ce temps,
Un jour ou maintenant,
D'un grand Parachèvement...

Qui sera à son tour défait
Et emporté
Heureusement,
Dans le grand courant
Entraînant
L'immense roue
Du Tout
Qui ne cesse de tourner !

*

Ainsi n'ayons nulle peur
De nos errements ni de nos erreurs,
De nos propres destructions,
Qui sont la participation
De notre humanité
Bien qu'égarée,
Au grand courant,

Si bien que par conséquent,
Nous ne faisons là
Que notre part et notre temps,

Notre simple office,
Comme l'un des instruments
De la Puissance Créatrice,

En permettant
À sa main de maître
De faire apparaître
Une Nouvelle Création,
Et en lui offrant aujourd'hui,
Pour son expression,
Tout le champ détruit,
Vierge et Salutaire
D'une ruine planétaire.

*

Admettons !

Mais si tout doit renaître,
Allons-nous disparaître ?

Serons-nous éliminés,
Nous les humains,
Une fois que notre rôle aura été joué
Dans le grand dessein ?

Serons-nous effacés
De la surface de la planète
Qui aura simplement utilisé

Notre folie que rien n'arrête
Pour se régénérer ?

Si vraiment nous n'avons été
Employés que pour vider la Terre
Afin qu'elle puisse faire
Place nette et installer,
À la place de ses anciens habitants,
Un Nouveau Vivant,

Alors…

Alors la fin définitive
Du monde humain
Ne serait qu'une tragédie relative,
Presque rien,
Un mal pour un bien !

*

L'autre hypothèse
Serait que, depuis la Genèse,
La Terre Mère nous a dans son antre
Portés comme dans un ventre,

Une matrice
Protectrice,

Une matrice
Qui jusqu'à son sacrifice
S'est vouée
A nous enfanter
Et à nous élever
Passionnément,
Tragiquement,
Comme la race de géants
Que nous sommes à présent,

La race appelée un jour prochain
À quitter le sein
D'amour de sa Mère,
Vers les plus lointains confins
Du grand Univers,
Et même à sortir enfin
De ce monde de matière…

La race de demi-dieux
Laissant derrière eux
Leur Mère épuisée
De les avoir tant portés,
De leur avoir tout donné,

La race de géants oublieux
Qui vont l'abandonner
Vers tant d'autres lieux et tant d'autres cieux,
Après avoir bu tout son lait
Et fini même par la dévorer !

Mais comment les en blâmer ?
De qui tout cela était la volonté ?
Le projet prodigieux,
Le décret vertigineux ?

Ne sommes-nous pas faits comme elle,
Notre Terre Mère,
Notre génitrice et nourricière,
*Mais à une tout autre échelle,*
Pour devenir
Dans un proche avenir,
Grands Géniteurs,
Grands Créateurs
De nouvelles réalités
Où, de notre imagination,
De notre liberté,
Surgiront les équivalents
De l'espace et du temps,
Et puis aussi bien d'autres champs
D'existence
Qui pour l'instant
Excèdent notre conscience ?

*

Mais voilà que d'abord...
Au sortir de la matrice,
Notre espèce est si destructrice
Que son essor

Paraît la condamner au contraire
À mourir sur cette Terre !

Les jeunes demi-dieux que nous sommes,
Sont comme des surhommes
*Aussi inconscients*
*Que surpuissants,*
Et menacés par conséquent
De se suicider stupidement,
Faute d'avoir su maîtriser
Leurs capacités décuplées !

Le titan est en crise de croissance,
Il ne contrôle plus son existence
Déconditionnée trop vite
De ses vieilles limites !

Nos progrès, en effet,
Se sont tellement accélérés,
Ils ont franchi tant de paliers,
De degrés et d'impossibilités !

Que nos pouvoirs semblent appelés
À devenir illimités,
Et que ce que les Anciens nommaient
Magie, prodige, divinité !
Est désormais à notre portée !

Dans l'atome que nous faisons éclater
Pour produire une énergie si redoutable à dompter,

Dans le gène que nous apprenons à modifier,
Pour nous eugéniser et nous immortaliser à volonté,

Dans l'accès instantané
Qu'internet nous a donné
Au monde entier,
Et qui a commencé
De pulvériser
Toutes les distances et tous les délais…

Voilà que l'humanité est en passe de muter
En même temps que la race semble se tuer !

Elle entre dans la préhistoire
De son futur,
En même temps que de son histoire
Elle creuse la sépulture !

Et le siècle à venir
Puis les suivants,
Diront au mutant
S'il a un avenir…

Ils seront pour nous
Le rendez-vous

De notre apprentissage
D'un usage sage
De notre identité nouvelle,
De sa *portée spirituelle,*

Ils seront tout le temps nécessaires
Pour que la Terre enfin soit fière
De sa progéniture,
Qui avait commencé son aventure
Comme simple créature,
Engendrée et commandée
Par de toutes-puissantes Déités
Pour la continuer maintenant
Et la poursuivre longtemps,
On peut l'espérer,
On doit y œuvrer,
En digne héritière
De leur sceptre de lumière.

*

Nous voir comme mutants, titans et géants,
Divinités en puissance,
N'est-ce pas là cependant
Donner trop d'importance
À notre misérable existence,
À notre insignifiance ?

Comment nous croire ainsi,
Par quel orgueil bouffi,

Ces enfants sauvages
Dont tous les ravages,
Seraient en fait une bénédiction,
Une force de transformation
Vers un Nouvel Age ?

Comment nous croire ainsi,
Par quel orgueil bouffi,

Ces enfants élus
Que la Terre aurait eus
Avec la volonté de l'Univers,
Et destinés à devenir,
À la toute fin dernière,
Les dieux de l'avenir ?

Beaucoup pensent
Que tout cela n'a aucun sens !

Que nous sommes seulement
Un accident !

Ou pire,
Bien pire,

Que nous sommes seulement
Un pur et simple fléau,
De maléfiques corbeaux
Assassins et charognards,
Qu'un dieu noir

A fait pleuvoir
Sur la Terre martyre
Pour l'anéantir !

De terrifiants parasites
Dont la propagation précipite
Absurdement
La disparition de tout le vivant,

Comme si finalement…

Nous n'avions été dans le grand jeu du hasard
Que le chemin qui ne mène nulle part !

Aucun plan supérieur là-dedans !
Aucun avenir transcendant !

Et au lieu de nous élever
Au-dessus de notre vieille condition,
Nous allons finir par payer
De notre propre mort nos exactions,
De notre propre disparition
Nos trop folles ambitions !

Et ce ne sera là, disent certains,
Que la fatale fin,
La punition bien méritée
De nos âmes damnées…

Amen.

# La proposition

Amen ?

Non, pas Amen !

Non, Résistants !
Non, Résistez,
Résistez farouchement
À ce discours
Qui ne vous sera d'aucun secours
Pour le si grand défi qui vous attend
Dès maintenant !

Résistez, Résistants !
Au découragement,
De penser que cette fois, ça y est,
Nous sommes trop égarés,
La Terre trop dévastée,

Qu'il est inutile de supplier,
Inutile de lutter,
Que la fin du monde est arrivée,
Que rien ne pourra plus l'éviter !

Et résistez tout autant,
Vous tous Résistants,
À l'autre discours dominant !

À ces autres prophètes
Qui proclament à tue-tête

Que notre humanité
Va de progrès en progrès !

Prophètes de la peur et du malheur
Contre prophètes d'un système toujours meilleur...

Ah, j'en ai vu quantité,
De ces aveuglés
Qui pensent sincèrement
Que le système est bon,
Qu'il tourne rond,
Qu'il suffira simplement
De l'améliorer,
De le perfectionner,
De le rendre encore et toujours plus performant...

La route de l'enfer où nous plongeons
Est pavée de leurs grandes convictions,
Pavée de leurs bonnes intentions !

Attention donc, jeunes gens,
Et vous tous Résistants !

Attention à tous ceux qui nous voient monter vers une cime
Alors que nous sombrons avec eux dans l'abîme !

*

Notre civilisation globale
Est phénoménale ?

Notre niveau de développement
Sans précédent ?

Notre système au service
De la paix et de la justice ?

Mais qui croit vraiment
À ce boniment de charlatan ?

Vous savez, jeunes gens,
Et vous tous Résistants,

Que tout cela n'est qu'un regard
Qui ne veut pas voir !

Un regard partial et partiel,
Un regard superficiel,
Un regard qui veut se cacher et cacher
La gravité sans précédent
De l'injustice éhontée,
De la crise généralisée,
Le coût exorbitant
De ce système délirant,
Si déséquilibré,
Si mensonger,
Si violent,

Si indécent,
Si porteur de souffrances
Pour tous ceux qui n'ont pas la chance
De faire partie
D'une élite de nantis,

Qu'il nous mènera au désastre, hélas,
S'il n'y a dans le troupeau des masses
Que la soumission docile
De millions de bêtes imbéciles,

À qui l'on peut faire croire n'importe quoi,
Accepter n'importe quoi,

N'importe quel asservissement,
N'importe quel avilissement,
N'importe quel enfermement,

N'importe quelle privation
De liberté
Au prétexte sans discussion
De protéger
Leur sécurité,
Leur santé,
Leurs droits de soi-disant « citoyens »
Qui en fait ne décident jamais de rien !

Mensonge total d'un monde de choix
Où le système décide de tout pour toi !

Quelle absurdité
Que ce grand troupeau d'animaux parqués
Qui se croient toujours plus maîtres de leur destinée !

Quelle absurdité
Que ce grand troupeau d'animaux engraissés
Qui ne voient même plus à quel point ils sont déshumanisés !

*

Y en aura-t-il donc assez
Parmi vous, jeunes gens,
Parmi vous, Résistants,
De ceux qui ne se laissent ni écraser ni subjuguer ?

De ceux qui gardent intacte
Leur lucidité,
Et la force d'impact
De leur volonté de lutter ?

Le système a tant pris le contrôle de nos vies
Pénétré si profondément nos esprits,
Que bien des énergies
Que nous croyons employer contre lui,
Bien des idées
Censées lui résister ou le transformer,

Ne sont en réalité
Qu'autant de fausses inspirations,
De fausses aspirations
Que lui-même a insinuées
En nous comme autant d'illusions
Qui maintiennent encagés
Par cela même qui voudrait nous libérer…

Le mal du dehors
A grandi aussi au dedans,
Le système de mort
A perverti trop de ses enfants,

Et voilà que, désormais,

Tant de moyens de résister
Sont piégés,

Que la vraie liberté
Est devenue presque impossible à trouver…

La Révolution,
Tant de voix la réclament
Ou la proclament
Mais combien vraiment la feront ?

L'esprit critique,
Tout le monde le revendique
Mais qui vraiment le pratique ?

Je ne vois plus guère aux informations
Que des moutons dominants
Parlant à d'autres moutons bêlants
De peur et de soumission...

Je ne vous dis pas cela,
Jeunes gens,
Et vous tous, Résistants,
Parce que je n'y croirais pas,
À votre combat,

Au contraire,
C'est en vous que je crois et en vous que j'espère !

En vous
Qui n'êtes ni moutons ni loups,

En vous que le mensonge et l'asservissement
N'ont pas anéantis totalement,

En vous qui êtes réellement rebelles,
*Anarchistes spirituels* !

Et que je vois maintenant
Par deux voies différentes
Prendre exactement
La même tangente...

*

Les uns,

Tels des *Infiltrés,*

Sont entrés et restés
Dans la machine à broyer
Pour s'y battre de l'intérieur
Au cœur du mal et du malheur,
Pour tenter encore l'engagement
Là même où tout est si désespérant
Qu'il ne reste plus *a priori*
Aucun espoir d'y mener une autre vie…

Mais dans nos villes saturées
D'agitation et de béton,
Où viennent s'entasser et se consumer,
Tels de pauvres papillons
Attirés et carbonisés
En nuées par des néons,
Des millions et des millions
D'urbains surbookés,
De citadins sur occupés,

Vous, les *Infiltrés,*
Avez entrepris,
Envers et contre tout !
De ne pas payer le prix,
De tenir le coup,
De rester debout,
De ne pas céder au dégoût,

De faire exister surtout
Des espaces d'humanité,
Pour rendre partout
À nos vies leur dignité,
Leur liberté, leur créativité,
Là où il n'y avait plus que servilité…

Anonymes,

Infimes
Dans l'immense masse
Mais pas victimes,
Pas pris dans la nasse
Des illusions générales,
Des addictions globales,
Ni découragés par tout le mal,

Vous êtes là comme en mission,
Envoyés par votre propre conviction
Qu'il est possible encore de renverser
Le cours de nos sociétés,
Pour mettre enfin leurs moyens
De plus en plus prodigieux
Au service d'autres fins !
Et de cet avenir radieux,
Où l'homme ne sera plus un robot,
Où l'homme ne sera plus un idiot,
Où l'homme ne sera plus en guerre
Contre ses frères
Ni contre la Terre…

*

Mais cette paix, cette fraternité,
Cette liberté retrouvée,
Et tous ces autres grands buts,
Passent par la très dure lutte
Où vous vous êtes engagés,
Déterminés,
Les dents serrées,
Vous tous, les *Infiltrés*
Qui tentez chaque jour davantage
D'éviter à nos sociétés
Leur prévisible naufrage,

En essayant
Vaillamment, obstinément,
D'infléchir,
De subvertir,
Détourner,
Pirater,
Et même en réalité
*Transfigurer*
Tout ce à quoi vous pouvez toucher,
Tout ce dont vous pouvez vous mêler…

Vous avez passé tous les contrôles
Pour qu'on vous enrôle,
Et parfois tous les diplômes,
Pour devenir l'insaisissable fantôme

Dans la machine,
Dont vous maîtrisez
Et utilisez
Les codes et combines
En lui donnant tous les gages
De la soumission bien sage,
Pour mieux la dérouter du dedans,

Tels des agents doubles
En eaux troubles,
Invisibles et agissants,
Introduits
Sans bruit
Parmi les dominants...

Vous *Infiltrés*
Avez choisi la clandestinité,
Et là, dans tous les repères
De l'adversaire,
Votre vision opère
Votre volonté coopère,
Essayant,
Ingénieusement,
Dangereusement,
Avec une jubilation de gosse,
Une jubilation féroce,
De manier
Le côté obscur de la force,
De passer

Sous la plus dure écorce
Du système
Pour le retourner
Contre lui-même,

Lui faire faire l'inverse de ce qu'il fait,
L'amener là où il ne veut pas aller,

Réorienter ses potentialités
Au service de finalités
Élevées et supérieures,
La vérité, la justice, le bonheur,
Afin que les moyens du système
Servent le contraire de son théorème,
Imposé par la cupidité,
De profit et rentabilité !

Transformer ses armes de destruction massive
De la Nature et de l'Humanité
En autant de forces vives
D'une autre façon d'exister !

Donner de l'esprit
À sa technologie,
Donner de l'esprit
À sa démocratie,
Donner même une âme,
Qui sait, à son capitalisme infâme ?

Voilà, Infiltrés,
Votre pari bien osé…

*

Résistants de l'intérieur,
Résistants au cœur !

Vous faites semblant
D'être complices
De l'argent
Et du vice,
Pour faire pousser dans les sables,
Et dans la boue,
Les fleurs indésirables
De ce qui ne rapporte rien du tout :

L'authenticité, la solidarité,
L'amitié, la fraternité,

Le partage,
Une vie juste et sage,

Et votre *singularité,*
Votre *unicité,*

Niée par un système qui veut nous cloner,
Nous fabriquer
En série comme des jouets

Nous étiqueter
Dans une identité standardisée,
*Un moi sans personnalité*
Auquel cependant on a prêché
Exactement… l'opposé !

En lui promettant la lune,
En lui disant qu'il est « quelqu'un » ou « « quelqu'une »,
Qui doit toujours avoir le droit,
À peu près sans honte ni loi,
De ne faire que ses propres choix,

Qu'il est unique,
Magnifique,
Que sa vie a une valeur,
Que chacun a droit au bonheur,
Que chacun le vaut bien,
Que chacun mérite le respect,
Que chacun a une différence
Qui fait sa force et sa chance,
Que chacun a une histoire à raconter,
Son propre chemin à tracer,
Dans un monde toujours plus fait
Pour l'expression optimale
De cette individualité
La plus originale
Et la plus vraie !

« Viens te découvrir,
« Viens t'épanouir,
« Viens te réaliser,
« Deviens ce que tu es,

« Deviens le héros
« De ta propre vie,
« L'artiste de génie
« De ton si bel ego !

Mais quelle insupportable supercherie !
Mais quelle invraisemblable ironie,

Que la négation de notre personne,
Son aliénation
Dans un monde où l'on n'est personne,
Se transforme en cette fiction
D'une fausse considération,
D'une fausse promotion,
D'une fausse valorisation !

Et tant de gens tombent dans le panneau
De ce tout à l'ego !

Rien de plus aberrant,
Juste le stade suivant
De perfectionnement
Du parc humain
Où nous tournons en vain !

Il est passé, en effet,
Ce parc de détention,
Ce parc d'attractions,
À cet âge sophistiqué
De *l'élevage individualisé*,
Où chacun se voit attribué
Dans l'étable mondiale
Une place spéciale,
Un box unique,
Pas deux qui soient identiques !

Le système vous répète
Qu'il s'intéresse à ce que vous êtes…

Rien que des costumes sur mesure,
Pour être bien sûr
Que chacun va consommer sans arrêt
Exactement ce qui lui plaît,
Et rester prisonnier sans y penser,
Parce qu'on l'aura laissé imaginer
Exactement le *job* qu'il lui fallait,
*Designer* lui-même tous les objets désirés,
« Réaliser ses rêves » qu'il a bercés,

Et tout cela si bien calculé, calibré,
Ajusté à nos désirs particuliers,
Que nous allons dès lors
Rapporter encore et encore,
Comme une vraie poule aux œufs d'or !

Voilà qu'à chacun désormais
Le grand marché
Offre l'autel particulier
Sur lequel il va l'immoler,
Le sacrifier
À ses intérêts !

*

Et les autres, parmi vous Résistants ?
Ceux qui n'ont pas choisi le dedans,

Ceux qui ne sont pas *Infiltrés*
Mais *Exilés* ?

Ceux qui ont gagné la « Zone du dehors »,
Ceux qui ont sauté par-dessus bord,
Ceux qui ont dit non
À la prison !

Qui sont-ils, ceux-là ?
Qui êtes-vous, renégats ?

Où êtes-vous passés ?
Combien êtes-vous à avoir filé ?

Vous êtes tels des Évadés,

Des échappés,
Des rescapés ?

Des dissidents,
Qui ont pris le large
Et se sont mis dans les marges
De ce système délirant…

Nomades
En perpétuelle balade…

Qui se sont mis en grève
À durée indéterminée
Pour avoir toute liberté
De déclamer des rêves,

Qui ont accepté délibérément
De vivre d'expédients,
Préférant avoir moins d'argent,
Être parfois même presque mendiant,

Mais recommencer à s'appartenir
Plutôt que de continuer à subir !

Musiciens, artistes, rêveurs,
Touche-à-tout,
Chercheurs de sens, philosophes amateurs,
Curieux de tout,
Construisant votre propre pensée
Avec tout ce que vous pouvez glaner
À droite à gauche
Pour le mettre dans vos poches,
On ne sait jamais…

Autodidactes,
Vous avez coupé le contact

Avec l'État policier,
La société policée,
Toute autorité,
Toute hiérarchie,
Tout le désordre établi,

Déserteurs
Loin du malheur,

Vous avez fui
Loin des facs et des amphis
Où la pensée savante
N'est jamais que la pensée dominante,
Et où l'on n'apprend la liberté
Qu'en répétant comme des perroquets
Ce que dit l'autorité,
Ce que dit le professeur…
Cherchez l'erreur !

Au système vous avez dit « Salut, ce sera sans moi »,
« Je ne serai heureux qu'au plus loin de toi »

Et depuis vous allez essayant
De passer sous les radars
Qui nous surveillent maintenant
De toutes parts,

Qui enregistrent systématiquement
À peu près tous nos mouvements,
Qui nous profilent tout le temps
En collectant nos données
Sans nous laisser aucune intimité,

Pour nous donner
Toujours plus exactement,
Tels des bêtes parfaitement domestiquées,
Le meilleur traitement
Qui prolongera le plus longtemps
Notre internement.

Pour ces raisons
Et sans façons,
Sans hésiter,
Sans regret,

Vous les Évadés
Avez décidé
De désobéir,
Ou de partir
Vivre ailleurs,
Là où l'on respire un air meilleur,
Là où l'on vit d'eau fraîche et d'amour,
Là où l'on respire tout court,

Loin dans la Nature,
Pour créer des communautés,
De petites sociétés autogouvernées,

*Une petite Arche de Noé,*

Où tenter l'aventure
De tout recommencer...

*Une petite Arche de Noé,*

Où se ressourcer,
Se recentrer,
Se régénérer,

*Une petite Arche de Noé,*

Où cultiver sans tapage,
Dans le creuset du partage
Et le secret du silence,
L'art immense
De bien vivre sa vie
À l'abri
De tous les vains bruits,

*Une petite Arche de Noé,*

Où puiser,
Pour ceux qui voudraient le tenter,
L'énergie sacrée,
L'aliment qui ravitaille,
Avant de retourner,
Revigoré, renforcé,
Sur le champ de bataille...

*

Infiltrés, Évadés,
*Affranchis,*

Vous avez décidé de lutter
Par une multitude de moyens
Vers les mêmes fins,
Et le débat n'est pas tranché
Entre vous pour décider
Si le système peut encore être changé,
Ou s'il doit être abandonné
Comme un navire en passe de couler,

Mais que vous agissiez ici ou là,
Au front ou dans un fin fond,
Et que vous vous battiez à fond,
Comme ci ou comme ça,
Contre ou pour,
Par colère ou par amour,
Avec l'énergie de l'espoir
Ou du désespoir

Rage ou courage,

Veillez à ce que votre action
Soit inspiration,
Et non simple réaction,

Veillez à trouver
Dans le vaste mouvement
Des combattants
Votre *juste place,*
En essayant d'estimer
Ce qui est opportunité
Ou menace…

Et quand je vous appelle globalement
« Résistants »,
Ce nom même, forcément,
Ne conviendra pas à certains d'entre vous
Qui n'en voudront pas du tout.

Mais ne vous opposez pas
Car vous allez au même endroit !

Tous par réflexe de survie,
Tous au nom de la vie,
Vous sortez de la multitude,
Vous luttez contre la servitude !

Vous êtes les artisans
Tenaces et inspirés
D'un million d'imperceptibles changements
Qui vont tout bouleverser,

Sans qu'on n'ait encore rien remarqué…

Et si face à l'Empire,
Les uns ont choisi le devoir de rester
Dans l'antre du pire,
Et les autres le devoir de déserter,
Pour ne pas y périr,

Et si face à L'Empire,
Les uns croient
Que son mal peut encore guérir,
Tandis que les autres le voient
Irrémédiablement mourir,

Maintenant tous vous voici
Dans la même énergie réunis,

*Semeurs*
*Dans un monde qui meurt,*
*Des grains souterrains*
*Du monde qui vient,*

Devenus déjà ou en voie de devenir,
Dans un proche avenir,

Tisserands de nouveaux liens,
Résistants à l'Empire du rien !

Cherchant
Au dedans ou au dehors
Tous les moyens d'être plus forts
Que ce système de mort !

*

Partout votre inspiration s'aiguise,
Partout la transition s'organise,

Et comme des fleurs
Dans le désert,
De furtives lueurs
Sur une sombre mer,

Vous faites émerger déjà
De-ci, de-là,

D'autres façons de vivre
De s'associer et d'œuvrer,
Qui vous délivrent
De tout ce qui vous aliénait,

L'oppression,
La compétition,
La surconsommation,
Etc.

Je ne referai pas ici le procès
Cent fois répété
De notre système insensé !

Je préfère me concentrer
Sur ce que vous créez !

Sur ce que vous multipliez maintenant,
Jeunes gens et vous tous Résistants,

Tous ces nouveaux espaces
Où l'on n'est plus
Ce solitaire perdu
Dans l'immense masse,
Et que l'on a isolé,
Toujours plus isolé,
Pour le coincer,
Coupé de toute solidarité,
Sous le fardeau lui-même toujours augmenté
De toute une vie à assumer.

Vous ne voulez pas rester
Ainsi comme Sisyphe accablé,
Seul sous le poids de son rocher !

Alors vous avez entrepris de créer
Par milliers
De petits écosystèmes de fraternité,
D'humanité,
Et de spiritualité,

Où tout est peu à peu réinventé,
Où tout est peu à peu libéré,

Le temps de se poser,
Le temps de contempler,
Le temps de se parler,

Le temps de s'écouter,
Le temps de s'entraider,
Le temps de créer,

Le temps de ne rien faire,
De voir que tout est déjà là,
Une fois que l'on a fait taire
Les bruits de nos voix,

L'art et le temps de se relier
Aux trésors cachés
Dans notre intériorité,

L'art et le temps de se relier
À tous les vivants,
À tout l'existant !

Par l'amitié,
La paix retrouvée,
Le sens de l'Unité,

Tout ce qui ne pouvait exister,
Tout ce en quoi auparavant
On ne pouvait espérer
Dans l'étranglement
De notre système insensé,
Qui empêchait jusqu'ici l'humain d'émerger
Et décourageait toute foi en l'humanité…

*

En vous reliant ainsi, jeunes gens,
Et vous tous Résistants,
À votre âme et au monde,
Vous avez bien senti
Que les deux correspondent,

Et vous commencez ici
À retrouver le sens de l'harmonie,

Car c'est bien *du dedans d'abord*,
Puis vers le dehors,
Que se produit
Tout changement dans la vie,
Comme disait Gandhi…

Pour votre Révolution,
C'est l'inspiration
De votre cœur
Qui sera la meilleure,
C'est l'illumination
Intérieure
Qui sera l'éveilleur !

Et vous aurez donc à travailler
Toujours en même temps,
Simultanément,
Sur ces deux plans liés,

Le progrès éthique
Et spirituel de vos consciences,

Le progrès politique
Et matériel de vos existences !

Les deux sont inséparables,
Et leur association imparable…

Alors il sera particulièrement important,
Pour vous tous, Résistants,

Ceux qui aiment rester
Assis en silence
Et ceux qui s'élancent
Pour faire bouger la Cité,

Ceux qui sont plutôt spirituels
Et ceux qui font plutôt de la politique,

Que de façon mutuelle
Vous échangiez vos pratiques !

Que les uns se mettent à méditer
Et plus seulement à militer,

Que les autres apprennent à s'engager
Et plus seulement à contempler !

Afin de développer tous ensemble
Une culture qui vous rassemble,

Une culture mêlée
De vos élans croisés,

Une culture unifiée,

De *Méditants Engagés,*
De *Militants Éveillés !*

Voilà à quoi vous êtes appelés !

*

Car, jeunes gens,
Et vous tous, Résistants,
C'est ainsi, et pas autrement,
Que, bien ancrés en vous-mêmes,
Vous pourrez renverser le système !

Que vous pourrez faire triompher
Tout ce que vous réclamez,
Tout ce que vous visez,
Tout ce pour quoi vous vous battez :

Du sens et de la fraternité !

J'entends vos revendications,
J'entends votre insurrection

Qui monte et qui gronde
Contre la bête immonde :

*Zola avait dit j'accuse ?*
*Vous dites je refuse !*

« Je refuse

« Dans le choix de mon métier,
« De mes activités,
« De ma façon de consommer
« Tout ce qui ne serait pas en conformité
« Avec mon idée
« De la dignité de l'humanité !

« Je refuse

« Tout produit qu'on voudrait
« Me faire acheter,
« Alors qu'il est fabriqué
« Par de misérables ouvriers
« Traités comme des bêtes
« À l'autre bout de la planète !

« Je refuse

« De trimer
« Moi-même comme une bête,
« Mal traité, mal payé,

« Dans tous ces jobs sans queue ni tête
« Où l'on nous presse comme des citrons
« Sans aucune considération !

« Je refuse

« Tout autant de gaspiller ma jeunesse
« Et jusqu'à ma vieillesse
« Tout mon temps
« À gagner de l'argent
« Comme s'il était suffisant,
« Pour réussir sa vie,
« De devenir un nanti !

« Je refuse

« Ce qui ne répond
« Qu'aux ambitions
« Des patrons
« Et de toute la domination,
« Qui ne veut que du bétail
« Pour son marché du travail !

« Je refuse

« Et je tiens bon !
« Sans céder aux injonctions
« De tous ceux qui me font la leçon,
« Parce qu'ils ne peuvent supporter

« Sans vouloir se venger
« De me voir ainsi affranchi
« De la soumission qu'ils ont subie
« Toute leur vie !

« Je refuse

« Sans transiger,
« Sans concession
« Ni compromission,
« Tout ce qui serait
« Sans lien avec mes aspirations,
« Ma vocation
« Fraternelle et spirituelle !

« Bref,

« Au lieu de gémir,
« De me laisser abrutir
« Par toute la lassitude
« Et les platitudes
« Que le système m'impose
« Jusqu'à l'overdose
« Pour m'empêcher
« De réfléchir,

« J'ai décidé d'agir,
« Et par tous les moyens
« De me libérer,

« De ne plus rester enchaîné,
« Dans la fabrique du pantin,
« La fabrique du crétin ! »

*

Grâce à cette proclamation
Si vous la traduisez en action,

Bientôt ce sera la Révolution !

Ayez confiance, ayez la Foi
En vos cœurs, en vos voix,
En vos ardeurs, en vos choix,
En tout ce que vous tentez
Pour faire exister le monde d'après !

C'est impossible,
Le système est invincible ?

Mais non, bien sûr que non,
C'en est bientôt fini de sa domination !

Regardez,
Regardez-le ce miséreux !
Plus personne n'en veut,
Plus personne ne peut le supporter !

La souffrance est généralisée,
Y compris du côté de ceux

Qui, chanceux,
Pensent en profiter !

Et, si tous ne se révoltent pas,
Ce n'est pas
Qu'ils en sont satisfaits,
C'est qu'ils ne voient pas
Ce qui pourrait remplacer
Tant d'absurdité !

Mais vous, jeunes gens,
Et vous tous Résistants,
Vous avez justement
Commencé
À chanter l'épopée
D'un autre Récit,
A vous inventer
Une autre vie !

Et ne sentez-vous pas,
Comme moi,
Que déjà
Tout est là,
Presque entre vos doigts ?

Que le colosse a des pieds d'argile,
Que l'Empire ne tient plus qu'à un fil ?

Qu'il ne vous manque peut-être
Quasiment rien

Pour le faire disparaître,
Ce vilain maître !

Qu'il ne vous manque peut-être
Quasiment rien
Pour que soient transfigurés
En autant de moyens
De vous libérer,
Toutes les inventions,
Toutes les innovations,
Toutes les créations,
Que la civilisation
N'a jamais su jusqu'à présent
Utiliser à bon escient ?

Rien n'est un mal en soi,
Tout dépend l'usage qu'on en a.

*Et je commence à entrevoir,*
*Encore dans le noir,*
*Comment demain peut-être*
*Vous ferez naître*
*De tous nos progrès matériels*
*Une Aurore spirituelle…*

J'y crois,
Je le vois,

Pour que sur la terre descende le ciel,
Il y a tout le potentiel,

Toute la matière est là,
Comme autrefois
Pour les alchimistes
Ces maîtres artistes,
Qui cherchaient le plomb le plus noir
Pour en faire à coup sûr,
Dans leurs laboratoires,
*L'or le plus pur !*

Œuvrez donc, œuvrons
À la grande façon
Dont nous pourrions
Faire du désert où nous vivons,
De la matière où nous nous figeons,

L'élément,
Le ferment,

L'œuf d'un monde neuf !

# L'avertissement

Mais pour cela, jeunes gens,
Et vous tous Résistants,

Pour réussir à tout régénérer,
Pour réussir à tout transfigurer,

Vous allez avoir besoin
De puiser en vous plus loin
*Beaucoup plus loin,*
Que tout ce qui vous a déjà conduits
À devenir des Infiltrés,
Des Évadés,
Des Affranchis,

Vous allez avoir besoin
De chercher en vous plus loin,
*Beaucoup plus loin,*
Que même les plus grands élans
De votre ego !
Que même les plus grands idéaux
De votre cerveau !

Vous allez avoir besoin
De quelque chose qui est *au-delà de votre imagination,*

Vous allez avoir besoin
De quelque chose qui est *d'une autre dimension,*

Je veux parler,
En vérité,
De ce pouvoir souverain
Et le plus souterrain
En chacune et chacun,
En chaque être humain,
Et que j'ai déjà mentionné ici
En l'appelant *Esprit,*
Mais sans vous dire encore de quoi il s'agit…

Rien dans ce mot d'Esprit,
Au sens où je le dis,
Qui serait forcément religieux,
Rien qui obligerait à croire en un dieu,

Je ne parle pas en effet d'une *croyance,*
Juste d'une *expérience,*
Que nous faisons parfois
Lorsque notre petit moi
Se sent relié à l'infiniment plus grand que soi :

Une Réalité incomparablement plus vaste que nos vies,
Une Réalité qui n'est qu'unité, harmonie,

Une Réalité que nous percevons seulement
Par instants,
Dans nos moments
De plus claire clarté,

De plus intense intensité,
Et que dès lors on peut nommer
*Esprit,*
Parce qu'elle nous saisit
Pour nous communiquer
La Présence,
La Conscience,
La Jouissance
De l'Infini...

*

Hors toute chapelle
Je suis un philosophe spirituel,

Au-delà des religions
Je suis l'héritier infidèle
Et fidèle
De leur inspiration...

Et voici donc, maintenant,
Selon moi le bon moment
Pour vous parler plus longuement
De cet Esprit,
De cet Infini,

De l'éminente fonction
Qu'il peut avoir dans votre Révolution...

*Et sans qui vous n'arriverez à rien !*
Sans qui vous n'arriverez à rien
Qu'à vous épuiser en vain,
Qu'à vous faire briser les reins !

En commençant cependant
Par un avertissement…

*

Un grand danger, en effet,
Vous menace de près,
Vous tous Résistants,
Qui avez décidé de vivre autrement :

Le système n'est pas niais,
Il vous a vus arriver !

Alors il est inquiet,
Il sent qu'il est en danger !

Le diable est en alerte,
Il entrevoit sa perte.

Car avec vous qui arrivez à présent,
Ce n'est plus du tout comme avant.

Le désordre établi,
Voit, ébahi,

Déferler sur son goulag
Les vagues
Toujours plus puissantes
De générations
Toujours plus désobéissantes,
De générations
Toujours plus ardentes
Dans la résolution
De renverser sa domination !

Il comprend dès lors
Que, s'il veut encore
Vous asservir,
Il ne pourra plus le faire
D'une manière aussi grossière
Qu'il le faisait hier.

Il cherche donc à vous séduire autrement
En changeant de musique,
En changeant de tactique,

En jouant maintenant
Sur ce qui vous plaît tant :

Votre ambition même de rébellion,
Votre ambition *même* de Révolution,
Votre ambition même d'une grande
Transmutation !

Et le voilà qui ne vous parle plus du coup
Que de ce qui a ce sens-là pour vous !

Et le voilà qui vous récite sans arrêt
Tous les beaux *mantras* à la fois
Du monde ré-enchanté dont vous rêvez :

« Écologie,
« Respect de toute vie,
« Plus aucune pollution
« De l'atmosphère
« Ni prédation
« Des ressources de la Terre !

« Développement durable,
« Croissance soutenable,
« Commerce équitable,
« Plus aucune exploitation
« De la nature par l'homme,
« Ni de l'homme par l'homme !

« Économie verte, sociale et solidaire,
« Justice des échanges et des salaires

« Démocratie participative,
« Pratiques collaboratives,
« Plus aucune domination
« Ni discrimination,
« Mais que des coopérations,

« Des relations d'égal à égal,
« Plus rien de vertical !

« Égalité des droits et des chances,
« Pleine reconnaissance
« Pour toutes les croyances,
« Tolérance,
« Non-violence !

« Etc. Etc. »

N'auriez-vous pas déjà remarqué
Que dans tous ses discours
Le système vous fait ainsi la cour
En n'arrêtant plus de vanter
Tout cela qui vous plaît,
Qui va vous parler,
Vous exalter ?

N'auriez-vous déjà pas remarqué
Qu'il joue maintenant
Continuellement
Sur vos plus belles valeurs
Comme autant de leurres…

Pourquoi ?

Pour que vos âmes soient perdues
Par ce piège tendu,

Qui donne une apparence d'essentiel
À ce système si superficiel,
Qui donne une apparence de spirituel
À ce système si matériel !

*

Une apparence d'essentiel,
Une apparence de spirituel…

Voilà que désormais
Vous est proposée,
En tête de gondole
Du grand supermarché,
Toute une farandole
De spiritualités,

Qui se réclament du plus lointain passé,
Des « peuples premiers »
Ou du temps des textes sacrés,
De leurs plus grands prêtres,
Des plus sages maîtres.

Mais de ces sagesses d'antan
Ne vous parvient souvent
Qu'une morte répétition,
Une pâle imitation,
Voire une contrefaçon…

Et de toute façon,
Pour vos générations,

*Le passé n'est plus le lieu de l'origine...*

Tandis que vous sont aussi vendues
D'autres spiritualités plus inattendues,
Qui se disent modernes
Ou modernisées,
Mais qui tout autant bernent
Vos élans fascinés
En se proclamant
Mieux adaptées au temps présent.

Voyez ainsi ce qui est arrivé
À cette pauvre « méditation »
Exhumée des vieilles traditions
Et reformatée pour déstresser
L'esclave contemporain
Épouvanté par le trop-plein
De sa vie si vide, qu'il mène en vain.

Méditer n'est plus qu'un médicament,
Un tranquillisant,
Un anesthésiant ?
Pris pour aider
À endurer
Toujours plus docilement
L'ordre dominant...

En faisant oublier
Qu'on devrait le refuser.

Percevez-vous tout cela ?
En comprenez-vous le pourquoi ?

C'est que le système a bien saisi
Que vous avez des âmes
Faites pour aller vers l'Esprit,
Des âmes spirituelles
Qui se cherchent des ailes,
Alors lui qui les affame
Change de stratégie
En vous faisant croire qu'il les nourrit,
Et tout ce dont elles ont soif et faim,
Ce trop grand malin
Vous en sert une série de parodies !

Il a su percevoir,
Le pervers,
Que seules sur la Terre
Elles échappent encore à son pouvoir.

Ayant déjà conquis toute la matière,
Ne lui manquait plus,
Pour que sa domination soit entière,
Que l'Absolu,
L'Esprit dont nos âmes sont le sanctuaire.

*

Ce sont donc à présent ces ailes
Qu'il veut vous voler,
Votre énergie spirituelle
Qu'il veut vampiriser.

Elle seule lui permettrait
De faire passer
Sa puissance à l'illimité,

Parce qu'elle surgit
De l'Esprit infini,
Et qu'elle est la clé
Du pouvoir de créer.

Or c'est bien ce souverain pouvoir
Que le malin rêve enfin d'avoir,

De s'approprier
Pour le détourner,

Alors qu'il ne peut se révéler
Qu'en les âmes les plus élevées,

Celles que vous avez,
Celles que vous allez
Approfondir, ouvrir, accomplir,
Et faire triompher
En ce siècle à venir.

Vous comprenez, dès lors,
Pourquoi le système les vise !
Pourquoi sur elles il veut étendre son emprise !
Leur jeter un mauvais sort
En leur faisant miroiter
De fausses aurores…

Il cible vos âmes en permanence,
Il ne s'adresse plus qu'à vos consciences,

Il multiplie les plus séduisantes impostures,
Les plus convaincantes caricatures,

Et sans se douter de sa défaite certaine,
Il ne ménage pas sa peine…

Mais il ne trompera pas vos âmes,
Il ne prendra pas leur flamme !

Car s'il croit, camarades,
Achever son œuvre de mort,
Par toutes ces mascarades,
Il s'est attaqué à trop fort,
C'en est fini pour lui,
D'avance il est détruit !

*

Soyez cependant très vigilants,
Amis Résistants,

Aiguisez le fil le plus tranchant
De votre discernement,

Apprenez à distinguer
L'essentiel et le spirituel
De leurs apparences bien imitées
Mais artificielles,

Car c'est ici même désormais
Que le monstre vient chasser
Ses proies préférées,

Il a choisi ce nouveau territoire
Pour son appétit de pouvoir
Parce qu'il a su y voir
Le nouveau moteur de l'histoire…

Comme vous,
Il est ainsi au rendez-vous
De l'immatériel
Et du spirituel,

Et lui qui fut si longtemps matérialiste
Devient furieusement spiritualiste…

Malraux avait raison
On l'a répété à foison,

Le siècle qui s'ouvre sera
Spirituel ou ne sera pas...

Mais ce qu'il n'avait pas prédit,
C'est cette grande parodie
Contre laquelle ici
Je vous mets en garde
Pour votre sauvegarde...

*

Comment allez-vous réussir
A vous préserver de l'ennemi,
A vous prémunir
De la parodie ?

À éviter ses pièges,
À briser ses sortilèges ?

Il vous faudra une force intérieure,
Invincible,
*Une boussole intérieure,*
Infaillible,

Parce qu'à l'extérieur,
Ce sera terrible,

Le mal aura pris si adroitement
Le masque du bien

Que décidément
On n'y verra plus rien…

Cette boussole intérieure
Sera aussi votre source d'énergie,
Votre ressource majeure,
Le seul et grand Génie
Capable de vous inspirer
Pour tout transformer…

Il s'agit,
Je vous l'ai dit,
De l'Esprit,

*Mais comment allez-vous réveiller*
*Dans vos cœurs scellés*
*Ce Dragon endormi ?*

Ne croyez pas qu'il le soit déjà,
Ne commettez pas cette erreur-là

De vous croire déjà guidés
Par l'Esprit infini,

Simplement parce que vous vous sentez,

Jeunes gens,
Et vous tous Résistants,

Pleins de détermination,
Plein d'imagination,
Plein enfin des meilleures intentions,

Pour faire votre Révolution,

Prêts à en découdre,
Capables de tout affronter
Et de tout résoudre.

Tout cela je n'en doute pas,
Je le vois en vous,
Pourtant cela ne suffira pas,
Pas du tout…

*Le système est trop sanguinaire*
*Pour vos forces ordinaires.*

Voyez déjà comment
Il laisse éparpillés,
Impuissants,
Tous ces Résistants,
Colibris, Insoumis, Indignés,
Tous ceux qui ces dernières années
Se sont soulevés,

Et avant eux, aux siècles derniers,
Tous ces révoltés écrasés,
Anarchistes tués

Comme chiens enragés,
Ou réformistes récupérés
Puis avalés,

Pourquoi ont-ils échoué ?
Pourquoi se sont-ils cassé les dents ?

N'étaient-ils pas encore assez nombreux,
Ces insurgés valeureux ?

Non, le nombre n'est rien,
Ou pas suffisant,
Pour mener à bien
Le grand renversement.

Ils ont échoué
Parce qu'ils ont négligé
La seule force qui aurait pu les aider
À triompher,
La seule force qu'il faut apprendre à libérer
Dans nos cœurs étouffés !

La Grande Énergie
Directrice de la vie !

Ils ont échoué
Parce qu'ils ont négligé
De prendre leur force ailleurs
Là où nos cœurs
Puisent dans l'Esprit,

Œuvrons donc
À cette fécondation,
Par l'Esprit de notre être intérieur,
Avant qu'à l'extérieur
Nous nous précipitions
Dans l'action.

Sinon, sans cette énergie spirituelle,
Nous n'opposerons jamais au système
Que des forces matérielles,
Ces forces mêmes,
Par lesquelles il poursuit sa domination…

Ni dieu ni maître,
Peut-être…
Mais la force au cœur de notre être.

*

Ce dont je vous parle là,
Est bien au-delà,
De ce que vous êtes déjà,
Des forces de votre petit moi,
Quelles qu'elles soient,

Car pour jaillir,
Rayonner,
Resplendir,
Tout illuminer,
Cette Grande Énergie

De l'Esprit
Requiert
La consécration d'une vie entière
À une action maîtresse,
Une action à reprendre sans cesse,

Une action qui tient en deux mots,
En un credo :

*Se relier !*

Ce sont bien nos liens, en effet,
En particulier Trois Liens sacrés
Qui nous unissent à elle,
La grande Énergie Spirituelle
Qui circule dans tout l'univers
Venant de plus haut même que les sphères
Où vivent des anges de lumière,

Trois *Liens d'or*
Qui réveillent
Le Dragon qui dort
D'un trop long sommeil :

Le *Lien à soi,*
Vers cette Énergie
Au cœur du moi
Tout petit,

Le *Lien à autrui,*
Vers la même Énergie
Trouvée par l'émotion
De la compassion,

Le *Lien à l'univers*
Qui dans notre chair
Révèle cette même Énergie
Comme unité de tout ce qui vit,

Trois directions
Vers trois puits sans fond,
Trois secrets sans âge,
Trois océans sans rivages

Où l'on peut à l'envie
Puiser sans jamais les épuiser
Une vitalité illimitée !

Où l'on peut à l'envie,
Puiser sans jamais l'épuiser,
L'eau de la suprême Énergie !

*

Trois océans…

L'océan de l'intériorité,
L'océan de la fraternité,
L'océan de l'unité…

Un seul Océan en réalité,
En ces trois mers jeté,

Mais imaginez-vous seulement,
Jeunes gens, et vous tous Résistants,
L'incroyable effort,
L'incroyable trajet,
Qui va devoir être fait
Par vos âmes et vos corps
Pour s'ouvrir autant,
Au dehors et au-dedans,
Jusqu'à cet Océan ?

C'est sans arrêt, sans relâche,
Que vous devrez être à la tâche,

De cultiver
Ces Trois Liens *sacrés*,

De prendre soin
De leur souverain bien,

Jusqu'à ce qu'enfin ils vous relient
Autrement qu'en rêverie,
À l'Infini.

*

Imaginez au quotidien
Chacun de ces Liens

Comme l'un des canaux
Que vous devez creuser
Pendant des années
Et des années
Pour qu'enfin les eaux
De la Grande Source
Irriguent vos ressources,

Les faisant passer
À l'illimité,

Au point même que votre effort
Ne se brisera plus
Contre le mur de la mort
Mais que vous le traverserez !
Vous, l'Invincible Flux
Que vous êtes devenu,
Pour aller ailleurs vivre encore.

Oui l'Esprit est bien tel un Océan
Transcendant
D'Énergie pure
Qui rend puissant
Et pur
Celui, celle et ceux
Qui ont libéré en eux
Son flot lumineux...

Et à l'inverse sans lui,
Sans son Appui,

Sans sa souveraine Vie,

Nous resterons ces êtres humains
Que nous sommes aujourd'hui,
Qui, faute d'avoir été assez loin
Dans leur effort pour se relier,
Ne réussissent jamais qu'à moitié
À développer les capacités
D'une Conscience éveillée :

La lucidité,
La fraternité,
La vitalité qui ne s'use jamais,
La vision de l'Unité.

Nous améliorer,
Nous transformer,

Vers tout cela nous nous efforçons,
Mais nous sommes repris toujours
Dans le cercle de l'éternel retour
Des mêmes régressions ou contradictions,

Jusqu'à ce que vienne à notre secours
L'Énergie venue d'ailleurs,
Qui seule nous fait durablement meilleur,
Et qui rend aisé, spontané,
Ce qui restait hors de portée.

*

Je vous repose donc la question,
Résistants qui voulez faire la Révolution,

Et vous m'excuserez d'insister,
Mais

Avez-vous déjà entrepris,
Dans vos vies,
Un tel chantier,

Avez-vous déjà entrepris,
Une telle traversée
Vers l'Infini ?

Avez-vous seulement commencé
À creuser
Tel ou tel des trois canaux sacrés
Vers l'Océan secret
Dont je viens de vous parler ?

Et réalisez-vous bien, Résistants,
Le fantastique éloignement de cet Océan
Vis-à-vis de notre petit moi et de ses élans
Même les plus puissants ?

Ces élans ne sont que sa brise légère
Lorsqu'elle parvient à l'intérieur des terres,

Pour signaler à nos yeux ignorants
Qu'il y a là-bas, très loin, cette immense mer !

Suivez donc ce vent,
Suivez confiants
Ce grand vent de vos plus grands élans !

*Et n'ayez jamais crainte,*
*Chemin faisant,*
*Que L'Esprit reste indifférent*
*À vos élans et plaintes,*

*Qu'il soit trop loin,*
*Que vos efforts soient vains…*

*Non, soyez-en sûrs et certains,*
*Il vous voit, et il vient*
*Vers vous faire sa part du chemin,*

*Pour vous ramener ainsi*
*Auprès de Lui.*

Il fait Lui, depuis longtemps,
À votre rencontre
Le chemin que vous prenez maintenant,
Et de loin Il vous montre
Sans que vous vous en doutiez,
Les meilleures routes où passer,
Les impasses à éviter,

Et même ces bons raccourcis
Qui, c'est ainsi,
Passent parfois
Par des larges détours
À travers de sombres bois
Où se noie la lumière du jour.

*

L'Esprit, pour nous guider,
Est comme le petit Poucet
Qui se serait perdu dans la forêt,
S'Il n'avait semé
Sous ses pieds
De petits cailloux,
Qui, tels des bijoux,
Tels des billes,
Scintillent,
Transparentes,
Incandescentes,
Parce qu'en chacune d'elles brille,
Et luit dans la nuit,
Une étincelle qui vient de Lui…

Cherchez donc, jeunes gens,
Et vous tous Résistants !

Sur votre route,
De l'infini ces petites gouttes,

Perlées,
Dispersées,
Disposées en des lieux clefs,

Ou juste là sous vos pieds,

Ces lueurs supérieures,
Qui ont fait
Ou feront bondir votre cœur
Tant vous les sentez
Venir d'ailleurs…

Vous les avez déjà ressenties,
Et les sentirez encore,
Ces impressions d'infini
À côté de qui tout semble mort…

*

Qu'est-ce qui vous fait frissonner ainsi
Si ce n'est le souffle de l'Esprit,
Le vent caressant
Venu de son Océan ?

Qu'est-ce qui vient
Du plus lointain
Déposer dans votre vie
Une goutte de Lui ?

Qu'est-ce qui vient
Du plus lointain…

Et voici que soudain
Votre âme est enceinte
D'une semence sainte ?

C'est un poème que vous avez lu,
Une prière murmurée,
Une parole de sagesse retenue,
Un dialogue inspiré,
Une étreinte émue,
Un paysage contemplé,
Une mélodie entendue,

La rencontre inattendue
D'une beauté qui soudain se met à nu,

La fulgurance d'un amour
Qui rejaillit à pleine puissance,
Là où le commun des jours
Nous en avait fait perdre conscience,

Une larme,
Une alarme,

Un rien,

Ou bien,

Un soupir, un songe, un souvenir,
Tout ce qui va venir
Déchirer le voile
De la vie banale,

Détruire comme illusion,
Dévoiler comme apparition,
Tout ce que nous étions,
Tout ce que nous pensions,

Qu'importe la façon !
Qu'importe le flacon !

Voilà que tout d'un coup
Quelque chose vous dit tout,

De l'indicible,

Et que l'invisible
Se rend visible

Qu'il apparaît
Évident, obvie,
Dans l'irréalité
Même de cette vie,

…

Ça n'aura duré qu'un instant
Mais plus rien n'est comme avant,

Ça n'aura duré qu'un instant
Mais votre âme sait à présent
Que quelque part ici,
Dans ce qui est ainsi,
Et pas autrement,
Et ailleurs aussi,
L'attend
Une vérité
Ou le secret,

*

Voilà qu'un instant de grâce
Et d'émoi,
M'a fait sortir du temps, de l'espace,
Et de mon petit moi !

Il m'a mis sur la voie
De l'Esprit,
J'ai senti l'Infini !

J'ai basculé vers l'Ouvert,
Hors toutes formes et frontières !

Je ne doute plus,
Je l'ai vu,

Il n'est plus une espérance
Mais une évidence,

Il est venu,
Il m'a ému,

Effleuré,
Visité,
Traversé,

Réveillé,

À mon cœur qu'il a caressé,
Il a donné la preuve qu'il existait,
Il a donné la preuve qu'il l'aimait !

Et je n'ai plus désormais
Que le désir de le retrouver,

Pour rester cette fois avec lui,
À tout autre ravi,
Indéfiniment
Au lieu d'un seul instant !

*Je veux que mon expérience mystique*
*Devienne chemin initiatique,*

Je veux que la caresse éphémère,
L'ivresse d'hier,
Devienne l'amour
De chaque jour…

Je le veux,
J'en fais le vœu,
Le serment,
Tandis qu'auparavant
J'ai laissé filer
Ces parenthèses enchantées,

En pensant que la vie n'était pas faite
Pour pareille fête,
Que la vie n'était pas faite
Pour être aussi parfaite,
Pas faite pour un tel séjour
Au faîte de l'Amour,
Pas faite pour rester
Sur cette cime inespérée,
Ce si sublime sommet…

*

Ouvrir ma conscience,
Plus longuement,
Et durablement,
À l'expérience,
Du flux continu de vie
De la Grande Énergie,

Le recevoir en moi
Le laisser couler à travers moi,

Sans que sa lumière
Reste en moi prisonnière
Dans la pierre
De mon corps de matière,

Oh oui, cela je le désire plus que tout,
Et je vais y consacrer tout mon effort,
Jusqu'au bout !
Jusqu'à ma mort,

Et même au-delà
Du temps que j'aurai passé ici-bas,

Car cela aussi, je l'entrevois :

Dans la caresse de l'Esprit,
Je l'ai senti,
Il donnait rendez-vous à ma vie,
Bien au-delà du sursis
Qui, ici, m'est imparti.

Ce n'était qu'un tout petit éclat
Qui est tombé sur moi
De quelque soleil
Sans pareil,

Mais ce tout petit éclat
Si pur,
Dépasse sans commune mesure
Tout ce que j'avais connu jusque-là,

Moi qui n'avais même pas
La moindre foi
En ces choses-là,

Ou bien qui croyait en l'Infini
Sans aucun signe de lui…

Il s'est enfui
Après m'avoir saisi,

Il est retourné à son mystère
Après m'avoir ouvert.

Comment le retrouver ?
Qui va m'initier,
Qui va nous réunir,
Nous unir
Dans le baiser perpétuel
D'un Amour éternel ?

*

Les religions disent qu'elles l'ont piégé,
Capturé tout entier
Dans *leur* sacré,
*Leur* divinité,

Qu'en penser ?

C'est comme s'ils se promenaient,
Tous ces croyants,
Avec un petit récipient,
En criant
« J'y retiens tout l'océan ! »

Écoutons-les un instant,
Ces arrogants,

Qu'on ne peut cependant
Pas écarter si facilement
Car dans ce qu'ils adorent,
Ils n'ont pas tout à fait tort,
Il y a bien une présence
De l'Esprit trop immense…

« La majesté d'Allâh
« La béatitude du Bouddha,
« La divinité du Christ en croix,
« Le souffle dans la Torah,
« En ceci ou cela
« Je le crois,
« C'est l'Infini
« Dans le fini
« Qui s'est révélé là,

« C'est l'Infini qui est pris
« Dans le filet
« De mon Idée de la Divinité
« Dont je fais la vérité des vérités !

« C'est la suprême réalité,
« Qui est là devant moi,
« L'Infini en personne,
« L'Infini qui rayonne ».

...

Chacun a tort, chacun a raison,
L'Esprit s'est donné à foison
Dans les panthéons des divinités
De l'humanité,

Et certes d'un dieu transcendant
Ou de toute autre ancre au fond de l'Océan
On peut se passer,
Mais comment cependant
Éviter de dériver dans le néant
Sans ce fondement ?

Les Paroles révélées
Des dieux tout-puissants
Sont l'encre de l'Océan,
Une ancre dans l'Océan,

Mais n'est-il pas temps
De lever l'ancre justement ?

Car ces Paroles révérées
Ne sont peut-être plus maintenant

Qu'autant de tombeaux vénérés
Dans lequel quelque chose s'était déposé
Mais qui se sont vidés,

Comme si au fond d'eux désormais
Ne restait plus qu'un peu d'encre effacée,
À peine quelques gouttes de vérité
Presque évaporées...

Ne prenez
Pas leur vapeur,
Leur fumée qui meurt,
Pour la Réalité !

*

Hors des religions,
De leur inspiration
Et de leurs prétentions,
Il y a aussi mille autres occasions
D'Illumination,

Tout peut éveiller
Celui qui se met aux aguets,

La présence de l'Infini,
Notre infusion en lui,
Est créée par l'intensité
De notre tension vers Lui,

La révélation de l'Ouvert
Naît de l'intensité
De notre prière
Profane ou sacrée,

Attention donc à toutes les divinités
Tous les absolus figés,
Tout ce qui devient idole
Dès que l'homme l'isole,
Et en majesté l'installe
Sur un piédestal,

Comme si l'Infini s'était replié,
Tout entier,
Dans l'identité
De notre dieu préféré,
D'un gourou vénéré,
D'une Voie toute tracée…

Attention
À ces belles cristallisations,
À ces beaux diamants
Qui semblent briller pour l'éternité,

Car l'Infini ici-bas
Ne reste ni ne revient
Jamais deux fois
Au même endroit,
Mais va et devient
Toujours différent de soi,

L'instant est sa loi,
L'instant est son moi,

Il se recrée incessamment,
Il n'est qu'en mouvement,
Il n'est qu'en devenant,

Et ce n'est jamais sous le même nom
Ni sous la même forme
Qu'il nous informe
De son mystère profond.

Voilà pour nous, humains,
L'insupportable
Car jusqu'à la fin
Nous attendons quelque chose de stable
À quoi se raccrocher enfin !

*

L'homme cherche une étoile fixe
Qui serait tombée dans les eaux du Styx,

Il cherche une permanence
Dans l'impermanence,

Et plus il cherche fixement
Devant lui
Dans le flot des événements,

Plus il en oublie
Que c'est son propre regard
Qu'il lui faudrait voir…

Il cherche une vérité
D'un genre particulier,
Une vérité définitive,
Un repos,
Une rive
Où hisser son bateau
Hors de cet océan
Trop mouvant,
Hors de ce flux ininterrompu
Trop épuisant,
Qui nous tue
Parce que nous nous débattons
Et luttons
Contre lui
Comme s'il était notre ennemi…

Mais ça ne viendra pas,

Et nous n'avons pas d'autre issue
Que de n'attendre rien de plus
Que ce passage du temps,
Que nous maudissons
Tandis qu'il est perpétuelle révélation…

*

Dès qu'une forme est sacralisée,
Dès qu'une vérité est formulée,
L'Esprit s'en est allé, L'Esprit s'en est enfui…

Et dès lors, de moi-même qui vous parle ici
De l'Esprit,
Défiez-vous aussi !
Défiez-vous de ce que je dis !

Défiez-vous de ce que je fige en effigie
En choisissant ce mot d'Esprit,
Et défiez-vous aussi
De mes autres allégories,
Car ces termes même d'Infini,
Ou d'Énergie,
Ou d'Océan,
Ne sont tous autant
Que des noms supplémentaires
Que je donne au mystère…

# L'envolée

L'émotion de l'Infini,
Nous l'avons tous ressentie
Mais elle ne descend souvent
Que par instants,

Après quoi on revient à l'ordinaire
De la vie sans lumière,
Et petit à petit on se dit
Que c'était une chimère,
Puis on l'oublie…

Parfois cependant
Cela se passe autrement,

Car alors sa visite
Nous change définitivement,
Et tout se précipite
Tant le choc est puissant !

On se réveille,
On s'éveille
Pour ne plus se rendormir,
Lorsque dans nos oreilles
À n'en plus finir
Le cri devient si violent,
L'appel si pressant,
Qu'à partir de cet instant
On ne vit
Plus que pour Lui,

Par Lui, en Lui,
L'Infini.

C'est ce qui t'arrivera,
Ami Résistant,
Quand ton âme sera
Complètement
Bouleversée,
Violemment
Transpercée
Par les lames brûlantes
Des flammes hurlantes
Du bûcher de toute vanité
Où l'Esprit la fait brûler vive
Pour qu'à jamais, en Lui elle survive.

Deux fois déjà cela m'est arrivé,
De retrouver mon âme ainsi
Totalement incendiée,

À deux périodes de ma vie,
Elle fut grand brûlé.

*

Ami Résistant,
Mon frère ardent,

As-tu déjà éprouvé la violence
De cette intense souffrance ?

Et quand vas-tu passer à ton tour
Par ce point sans retour ?

Cet événement
Qui ouvre ton moi
À bien plus grand que soi,
Le fait mourir à la fois,

Parce qu'alors en toi
Survient et ne survit
Que le Grand Esprit
Qui jouait jusque-là
Pour toi, pour moi,
À se cacher
Dans tout ce qui est.

Mais le voilà
Soudain qui bondit
Hors de son abri,
Et puis qui crie
D'une telle façon que l'âme qui le cherchait,
Mais ne s'attendait pas à le trouver,
Là, tout près d'elle,
Si près qu'elle
Meurt d'effroi
Mais aussi de joie,
Pêle-mêle.

C'est souvent ainsi
Qu'il fait, le bandit,

Il fait s'approcher de lui
Une âme en l'attirant
Par les sentiments
Les plus puissants
Qu'elle peut éprouver dans cette vie,

L'amour inconditionné,
La joie de l'illuminé,

Mais aussi,
Car tout est bon pour lui,

Le malheur du désespoir,
De l'inconsolable chagrin,
Tous ces moments où notre vie est plongée
dans le noir,
Tout ce qui nous conduit aux confins,
Aux limites de ce que notre cœur humain
Peut supporter
Sans lâcher.

*

Moi l'Infini
M'a surpris,
Ravi,

Deux fois je vous l'ai dit,
Mais je ne vous raconterai ici

Que la première,
L'autre est mon mystère…

Cette première fois,
Ce fut quand
J'étais encore enfant,
Et qu'un jour je me tenais là,
Sur mon tapis de foi
De petit musulman.

J'étais en train de faire ma prière
Au Seigneur des Univers,

*Bismi Llâhi Rahmâni Rahîm,*
*Al hamdou-li-Llâhi Rabbi-l-'âlamîn,*
*Rahmâni Rahîm,*
*Mâliki yaoumi Ddîn…*

*Amîn.*

Quand sans avertir,
Sans prévenir,

Alors que j'étais prosterné,
Les yeux fermés,
Sur la sainte mosquée
Et le jardin - représentés
Par les fils tissés,

D'un coup le tapis s'est dérobé,

Et j'ai basculé

La tête la première,
Comme si devant moi s'était ouvert

Un gouffre profond,
Un puits sans fond.

Horreur !
J'aurais dû hurler ma terreur,

Essayer par tous les moyens
De me relever
Pour m'assurer
Que ce n'était rien,
Qu'en réalité je n'étais pas tombé,
Que tout allait bien !

Mais quand l'Esprit a décidé
De vous visiter
Pour vous emporter
Sans détour
Ni retour,
Inutile de lutter,

Et d'ailleurs je n'ai pas essayé,

Je me suis laissé aller
À tomber, tomber, tomber,
Et de cette chute,
Sans lutte et sans but,
Je ne me suis jamais relevé…

Et après elle,
Après elle
Ma vie spirituelle
N'a plus été
Qu'une plongée
Jamais achevée,

Dans l'Océan sans rivages,
La Réalité sans visage,
La Vérité sans images,

Et chaque jour il me faut recommencer
L'effort de continuer
À exister un peu encore
Dans le monde du dehors,
Le monde de la mort…

*

L'Esprit infini est l'Océan
Dont les vagues et le courant
Déferlent sur la toute petite mer
De ce si grand univers,

Pour régénérer toutes ses eaux
À chaque instant,
Et agiter ses mille flots
Tout autour du petit îlot
De mon tout petit ego,

De tous côtés
Ballotté,
Caressé,
Embrassé,
Et parfois submergé…

Quand il le voudra,
L'Océan l'engloutira,

Cela ne m'appartient pas.

Et cela me fait penser souvent,
Depuis tout ce temps,
À l'histoire
Rapportée par un vieux grimoire,

D'un homme qui
Un jour s'était baigné
Dans le Gange
Et puis qui,
Fait étrange,
N'en était jamais
Ressorti
Qu'à moitié :

« Immergé jusqu'au nombril
« Dans les eaux fraîches de la rivière
« Il reste là, ni impatient ni fébrile,
« Entre l'eau et la lumière,

« Éprouvant, simultanément,
« Le mouvement incessant
« De l'onde qui coule et gronde
« Et le doux rayon du soleil,
« La douleur du monde
« Et la félicité de l'Esprit sans pareil ».

*

L'Esprit était là
Qui m'a dit :

« Tu es Moi
« Je suis toi,

« Ne Me crains pas,
« Ne Nous sépare pas,

« Je suis l'œil par lequel tu vois,
« Tu es l'œil par lequel Je vois,

« Reconnais-Moi
« À chaque fois
« Même quand tu souffriras,
« Même quand tu feras souffrir,

« Car Je peux te le dire,
« Tu subiras
« Et tu feras du mal parfois
« Mais cela même ne devra pas
« Te priver de Moi !

« Fais feu de tout bois,
« C'est Moi qui brûle de tout en toi,

« Tu es de ceux
« Aux yeux de qui J'ai voulu
« Me montrer dans toute l'étendue
« De ce qui est,

« Le clair et l'obscur,
« Le faux et le vrai,
« Le pur et l'impur,
« Le bon et le mauvais,
« L'instant et la durée, »

*

Allez, je te tutoie Résistant,
Car on parle maintenant
Du plus important…

L'Esprit reste si bien caché,
Notamment dans la profondeur
De ton propre cœur,

Que pour espérer
Le débusquer,

*Tu vas devoir rester*
*Des années et des années,*
*Assis auprès de toi*
*Comme à l'orée d'un bois*
*En attendant l'instant*
*Où l'animal prudent*
*Va oser sortir à découvert*
*De sa tanière,*
*Pour se montrer en pleine lumière…*

Pendant ces années,
Tu vas finir par désespérer,
D'attendre sans rien voir arriver,

Alors tôt ou tard
Tu vas renoncer,
Tôt ou tard
T'éloigner
De ton poste de gué,
Pour retourner à ta vie
Entre cent buts dispersée.

Puis,
Parce que tout le reste t'ennuie,
Tu vas revenir
À ce grand poste de gué,

Pour à nouveau le fuir,
Pour à nouveau y retourner,
Et à nouveau désespérer…

Et c'est là ce qu'on peut te souhaiter
De mieux en réalité !

Car ce désespoir
De ne jamais le voir
Surgir, ni même réagir
À tes appels, à tes soupirs,
Te fera te jeter finalement,
La tête la première,
Dans le gouffre béant
De ton âme si fière !

Et si jamais
L'Esprit n'attendait
Pas que tu désespères,
Il ne surgira de derrière
Le fond des bois
Que comme un oiseau de proie
Fondant sur toi,
Parce qu'alors c'est ta terreur
Qu'il utilisera
Pour faire mourir de peur
Ton petit moi !

*

Ah tu croyais
Que la vie spirituelle était sans danger ?

Ah tu croyais
Qu'il te suffirait
D'écouter un sage prodigieux
Qui t'en met plein les yeux ?

Ah tu croyais
Qu'il te suffirait
De basculer dans une autre réalité
Avec un chaman ou un sorcier ?

Ah tu croyais
Qu'il te suffirait
D'accumuler les moments enchantés
D'extase et de félicité ?

Tout cela est très sympathique,
Très esthétique,
Mais quel effort
Poursuivras-tu jusqu'à la mort ?

Comptais-tu donc aller
Vers l'Esprit
Sans lui sacrifier
Toute ta vie ?

Comptais-tu donc plonger
Dans l'Océan de la Réalité
Sans risquer de te noyer ?

*

Si tu es prêt seulement
À payer comptant
Le prix même de ta vie,
Alors fonce vers l'Esprit,
Il t'attend.

On ne le trouve qu'en se perdant !

On ne renaît vivant en Lui
Qu'en mourant une nuit
Où l'on a fui,
Le monde et ses bruits.

As-tu déjà fui ainsi ?
Connais-tu cette nuit ?

Cette nuit qui n'est pas la fin du jour
Mais tous ces moments où l'on s'est retiré,
Sans plus rien autour,
Dans la solitude et le secret.

En as-tu l'expérience
De ce grand *silence* ?

En as-tu la pratique,
De ces pauses magiques ?

En prends-tu le temps,
Quotidiennement ?

Et comment veux-tu autrement
Devenir l'amant
De l'Esprit,
Qu'en lui montrant ainsi
À quel point tu es épris de lui ?

C'est la condition,
*La condition,*
Et je reprends donc ma question…

Quittes-tu assez régulièrement
Toute agitation,
Pour te mettre calmement,
Puissamment,
Pour te mettre tranquillement,
Furieusement,
Pour te mettre des années durant,
Et même encore plus longtemps,
À concentrer ton attention,
À focaliser ta concentration ?

Ou bien attends-tu paresseusement
La grâce des sublimes instants ?

*

Sache que cette concentration,
À bien des façons,

Contemplation,
Méditation,

Sur un coussin les paupières closes,
Ou dans le jardin à tailler des roses,

Ou bien,

Appliqué à ton dessin,
Marchant sur un chemin,

Ou bien,

Nageant paisiblement,
De l'onde vagabonde
Épousant le mouvement,

Ou bien…

À toi de trouver,
Parmi tout ce qui est à ta portée,
Ce qui te paraît rapporter,
Exhaler,
Le parfum
Du plus lointain,

...

À toi de lancer ton grappin
Jusqu'à ce qu'enfin
Il aille se ficher
Tout là-haut,
Au lieu de ricocher
Sur la muraille de ton ego

...

À toi d'apprendre à te concentrer,
De trouver la grande stabilité,
Jusqu'à ce qu'aucune humeur,
Ni circonstance extérieure,
Ne puisse plus te distraire
De ta visée,
Ne puisse plus défaire
Le nœud serré
De tes forces coalisées,

Et que tous tes engagements
Au milieu de la mêlée
De la société et des gens,
Au milieu du vacarme
Du monde et des armes,
Soient vécus comme cela,
Dans la Grande Voie

Du silence intérieur,
De la paix du cœur,
Installée
En celui dont jamais
Le regard ne va dévier.

Sois,
Dit la Gîtâ,
Le Soi

« *Semblable à la flamme qui,*
« *Bien à l'abri*
« *Du vent*
« *Mugissant,*
« *Ne vacille pas* ».

*

Quand tu t'es engagé comme cela,
Dans la concentration qui te va,

Dans l'activité que tu as choisie
Dont tu t'es le plus intensément épris,

Celle que tu aimes entre toutes
Parce qu'elle ouvre la plus vaste des routes,
Et que tu as senti alors
Qu'elle te conduit à bon port

Alors là,
Que ta disposition ne varie pas !

Replie-toi
Dans l'intensité de cet amour-là,

Unifie-toi
Dans l'unité de cette vie-là,

Tout entier pris
Jour et nuit,
Dans la *concentration*
Et la *consécration*
De ta vie !

Dans la visée focalise-toi
Et relâche-toi
À la fois…

Certains parlent de lâcher-prise ?
Veille surtout à ne pas lâcher ta prise !

Intensifie sans arrêt
Ta capacité à rester
En état de consécration totale,
D'absorption radicale.

Dans la foule ou à part,
Cultive sans relâche ni retard
L'intensité de ton regard,

Demeure aux aguets
Comme le chien de berger,

Attentif à ce qui est
Tout entier déjà donné,

La vérité qui s'allume et s'éteint,
Qui se recrée sans fin,
Dans chaque changement,
À tout instant,
Hors de toi et au-dedans...

Médite *sur* ce mouvement perpétuel,
Médite *dans* ce mouvement perpétuel,
Sur la terre et dans le ciel,

L'Esprit rend toujours visite au veilleur,
L'Esprit rend toujours visite à celui dont le
cœur
L'a pris pour unique cible
Et s'est rendu inaccessible
À tout autre désir
Que celui de le saisir...

Alors et alors seulement
Il répond à l'esseulement
De qui s'est isolé,
De qui s'est unifié,

Il se montre enfin,
La longue attente a pris fin !

Et pour cela il va simplement créer
Une forme pour se présenter
Et te récompenser
D'avoir si longtemps patienté ;

Il va simplement créer
La forme que tu pourras identifier
Comme son secret manifesté,

Et qui va te bouleverser,
Te foudroyer,
Car là enfin il t'apparaît
Tel qu'il est…

*

*Aller jusqu'à déceler dans la forme finie*
*L'Infini…*

*Aller jusqu'à déterrer le trésor enfoui,*

*Aller jusqu'à libérer la source oubliée,*

Elle coule à perpétuité
Dans le fleuve de tout ce qui est,
Hors d'un non-être
Qui fait tout apparaître,
Mais dont on ne peut parler,
Pur mystère, pur secret.

De lui,

Tout est né,

De lui

N'arrête jamais de couler
Tout le créé,

Comme d'une fontaine magique,

Comme une phrase mélodique
Dont la musique ne peut pas s'arrêter
Tant ses innombrables accords
La font résonner
Encore et encore…

Ainsi que l'a dit
Jadi(s)
L'Esprit lui-même
À l'un de ses amis qu'il aime :

« J'étais un trésor caché,
« Frustré de ne pouvoir contempler
« Ses propres merveilles
« Et sa beauté sans pareille,
« Alors je me suis demandé
« Pendant quelques éternités
« Comment je pourrais y arriver…

« Et j'ai trouvé !
« Eurêka !
« Je n'avais qu'à
« Créer
« Hors de moi,
« Tout ce que je portais en moi,

« Rendre visible mon invisible,
« Me rendre perceptible
« Ce qui de moi-même m'échappait.

« Et depuis lors, enthousiasmé,
« Je n'ai plus cessé de créer !
« Et quand je vois toutes ces lumières
« Briller dans les mille et un univers
« C'est comme autant de diamants
« Où je peux voir maintenant
« Resplendir mon éclat,
« Cet éclat
« Qui restait auparavant
« Replié en Moi,
« Caché dans les coffres scellés
« De mon mystère impénétré ».

Et l'Esprit avait ajouté,
Mais cela nul ne s'en souvenait :

« Parmi ces lumières il en est une
« Qui brille plus encore qu'une lune,

« C'est le soleil du cœur,
« Que j'ai créé créateur,

« Et celui qui se nomme humain
« Est donc bien Ma main
« Mon visage originel
« Mon image éternelle,

« Je l'ai aussi créé Témoin,
« Et c'est par lui que chaque matin
« Je me vois, moi l'Esprit,
« Dans tout ce qui vit ».

*

Résistants, mes amis !
L'Esprit,
Je vous en ai beaucoup parlé ici,

C'est, vous l'aurez compris,
L'Infini par lequel on est traversé,
Le souffle de l'infinité
Qui vient nous animer,
Nous inspirer,
Le temps d'une vie limitée,

Celle d'un corps
Voué à la mort,

Mais qui, pendant les quelques années
De son activité,
Aura participé
Dans ce qu'on appelle la vie,
Au si long tourbillon,
Au si grand pouvoir de création
D'une Réalité infinie…

Hélas ! L'homme qui se croit mortel,
Et son mental qui se voit tel,
Ont ignoré
Cette Réalité
À quelques exceptions près
De quelques voyants,
Délivrés vivants,
Éveillés veillant
Au milieu des dormants.

Défaits de l'illusion
De n'être que dérision…

Mais à part ces rares lumières,
Que des yeux de pierre !

Pourquoi donc suis-je né dans une humanité
Accablée d'une telle infirmité ?

Pourquoi donc m'a-t-on envoyé déambuler
Dans cet asile d'aveuglés ?

A quoi bon, et pour qui,
Témoigner ici
De la Réalité
Dans des ténèbres qui ont décidé
De l'ignorer ?

Allez,
C'est sans doute que l'Esprit
Veut regarder aussi,
En Lui,
Toute cette cécité qui le nie.

*

Quelques mots encore, Résistants,
Avant de me taire définitivement…

À l'heure où tout se précipite,
À l'heure où s'écroule le mythe
D'une humanité triomphante,
À la course ascendante,

Il est plus que temps
De faire le vrai bilan
De ce que fut vraiment
Notre soi-disant marche en avant…

Nous ne sommes arrivés nulle part
Si ce n'est au fin fond de la nuit noire,

C'est donc hélas que nos âmes étaient de pierre
Trop engluées dans la matière,
Pour que d'elles la Suprême Lumière
Rayonne sur l'univers,

Humains si mal reliés
À l'infinité
Que nous l'avons expédiée
Loin du cœur, loin des yeux,
Sur tous ces sommets où étaient censés
Se percher des dieux.

*Mais les dieux n'auraient jamais commencé*
*D'exister*
*Si nous nous étions mieux regardés !*

Tant pis,
C'était écrit,
Les âmes qui arrivaient dans ce monde
N'étaient sans doute pas assez fécondes
Pour enfanter en elles
La Présence spirituelle,

Et sans elle,
Nous ne sommes restés
Que mauvais magiciens
Qui ne créent jamais
Du Bien qu'un presque rien,

Nous trahissant de manière fatale
À la moindre tentation du Mal…

*

Mais vous jeunes gens,
Et vous tous, Résistants !

Ne serez plus très longtemps prisonniers,
Je vous le promets, en vérité,

De ce cycle infernal
D'un Mal dominant
Qui pervertit et anéantit
Invariablement,
Sans pitié ni merci,
Ce que le Bien n'a produit
Que fugitivement,
Ou idéalement…

O plus vieille malédiction
De notre condition !

Tu es finie,
Je te le dis !

Car voici ces enfants
D'un nouveau temps,

Dont je le redis et le devine,
Le passé n'est plus l'origine !

# Épilogue

Voilà, jeunes gens,
Et vous tous Résistants,
Je vous ai parlé tant et tant,

Je vous ai parlé de ce système insensé,
De sa ruse pour vous tromper,

Et puis je vous ai parlé aussi
De votre seule chance contre lui,
L'énergie de l'Esprit,

Par elle vous serez vainqueurs,
Et souverains créateurs,
À chaque instant de chaque heure,
Si vous la libérez
En votre cœur.

Radicale votre Révolution sera,
Car tout à la racine elle reprendra…

Mais ce n'est pas à moi
De vous dire là
À quoi elle ressemblera

Je n'ai voulu ici que vous inviter
A vous lancer dans l'aventure,
À trouver l'Énergie, et sa synergie,
La plus juste et la plus pure,

J'ai ainsi fait ma part, fait mon temps,
À vous de jouer à présent !

« *Par le temps !* »

Dit le Coran,

« Oui l'homme est en perdition,
« À l'*exception*
« De ceux qui gardent la foi
« Et agissent droit,
« Qui s'*encouragent mutuellement*
« À la *vérité,*
« Et qui s'*encouragent mutuellement*
« *À la patience* ».

Rassemblez-vous,
Chevalières et chevaliers,
Unissez-vous,
Affranchis, Évadés et Infiltrés,
Comme je vous ai appelés !

Unissez vos forces pour résister,
Unissez vos âmes pour tout transfigurer !

« Des forces immenses n'ont pas encore donné »

J'ai essayé
De vous dire où les trouver,

Je ne doute pas un instant
Que vous y parviendrez,
Et qu'en vous le soleil va se lever
À son couchant,
Comme le disait une parole d'antan,
Car votre âme est bien le couchant
De l'Esprit infini,

Je vous dirai un jour pourquoi
Ou plutôt, non,
Je ne vous le dirai pas,
Ma contribution
S'arrête là.

Je ne dis plus rien,
Tout est bien,

Je vais maintenant me contenter,
De vous regarder,
Muet,
Et si ému,
De voir le temps venu,

D'une aube naissante,
Celle d'une humanité noble et puissante,
Qui va faire revenir le soleil de midi
D'un âge d'or,
D'un Paradis,
Là où nos progrès de mort
N'avaient fait qu'achever la destruction
Qui précède toute grande création.

L'âge sombre prend ainsi fin,
Par l'excès de mal qui a préparé le bien...

Les choses arrivant par leur contraire,
Il aura fallu descendre aux enfers,
Pour que l'humanité trop égarée
Enfante enfin vos âmes révoltées,
Qui vont la faire remonter,

Plus haut que les cieux,
Plus haut que les dieux.

C'est votre destinée,
O vous les âmes fortes
Qui venez en invincibles cohortes
Remplacer toutes les âmes mortes.

*Salut,*

*Salam,*
*À vous les grandes âmes !*

Dépôt légal : décembre 2020 N° imprimeur : 012168079

*Imprimé en France par Présence Graphique - Monts.*